初中級

中国語 作文トレーニング

井田みずほ・小薗瑞恵 著

白帝社

はじめに

このテキストは、中国語を1年間学んだ学習者を対象とし、中検3級、HSK 3級相当の文法、HSK 4級相当までの語句を使用しています。初級文法を一とおり学習し理解したつもりでも、自分で文を作るのは難しいと感じる学習者は少なくないと思います。このテキストでは、初級の内容を確認しながら、自分の手を動かして多くの文を作ります。繰り返し練習することによって、知識が整理されて定着し、自信を持って文を作ることができるようになる、その手助けができるテキストを目指しました。

全部で24課あり、年間28回の大学での授業を想定しています。各課は「エクスプレス復習」と「トレーニング」から成ります。**「エクスプレス復習」**には、初級文法の重要ポイントを簡潔に記しています。文法項目を網羅的に並べてはおらず、学習者が誤りがちな項目を確認できるよう構成しています。「エクスプレス復習」で一度おさらいしてから**「トレーニング」**で20問の日文中訳問題に取り組んでください。20問をやり終えても時間的余裕がある場合や、さらに自信を付けたい場合には、10問の**「別冊トレーニング」**に進んでください。巻末には「トレーニング」「別冊トレーニング」のヒントの**語句索引**があります。

「トレーニング」「別冊トレーニング」の日本語の問題文は、完全な自然さよりも、この段階の学習者でも中国語の表現を思いつきやすい表現を選んでいるところがあります。また、作文に特化したテキストであるため、特に紛らわしいものを除き、ピンインを付していません。白帝社HPのこのテキストのページからピンインの資料をダウンロードできますので、必要な場合にはご利用ください。

AIによる自動翻訳がある現在、作文のトレーニングや外国語学習をすることの意義について改めて考えさせられますが、しっかりとした知識に基づく土台ができていてこそ、それらを有効に利用することができるのではないかと考えます。このテキストが土台作りに役立てば、たいへんうれしく思います。

本テキストを作成するにあたり、恩師である東京外国語大学名誉教授の依藤醇先生には様々なご教示を賜りました。白帝社の杉野美和さんには、企画から出版に至るまで細部にわたって貴重なアドバイスと多大なお力添えをいただきました。細谷桃恵さんは、前向きな気持ちで学習に取り組めるような明るく素敵な表紙をデザインしてくださいました。すべての皆さまに心より感謝申し上げます。

2023年11月

著者

目　次

■ このテキストに出てくる「品詞」と「文を構成する成分」■

「品詞」とは、単語の文法上の性質から見た種類を表すもの。

名詞：书 本　兴趣 興味　邮局 郵便局　中国 中国　今天 今日　外边 外

代詞：我 私　这 これ　那儿 あそこ　什么 何；どんな

数詞：零 0　一 1　二 2　两 2　十 10　半 半分

量詞：个 ～人；～個　本 ～冊　岁 ～歳　次 ～回；～度

動詞：是 ～である　吃 食べる　休息 休む　喜欢 好きだ

　離合詞は動詞の一種：排队 列に並ぶ　放假 休みになる　搬家 引っ越す

助動詞：想 ～したい（と思う）　能 ～できる　应该 ～すべきである

形容詞：好 良い　冷 寒い　干净 清潔である

副詞：不 ～ではない　也 ～も　非常 非常に　才（～になって）ようやく

介詞（前置詞）：跟 ～と；～に（対して）　在 ～で　比 ～より

接続詞：可是 しかし　因为 ～なので　如果 もし～（なら）ば

助詞：的 ～の　过 ～したことがある　吗 ～か　啊 ～（な）の？；（だ）なあ

「文を構成する成分」とは、文中での役割を示すもの。中国語の成分は、主に文中の位置によって決まり、成分どうしが多様な意味関係にあるので、日本語や英語と同じように考えることはできない。

主語：話題として提示される成分。動作・行為を行う人や物とは限らない。

述語：話題に対する説明を表す成分。

目的語：動詞の後に置き、その動作・行為に関わる人や物を表す成分。動作・行為を受ける人や物とは限らない。

連体修飾語：名詞（句）を修飾する成分。

連用修飾語：動詞（句）や形容詞（句）を修飾する成分。

補語：動詞や形容詞の後に置き、その動詞や形容詞に関わる状況や結果、程度などを補足説明する成分。このテキストでは時間量補語、動作量補語、結果補語、方向補語、可能補語、状態補語、程度を強調する補語が出てくる。

品詞名に「**句**」がついた「名詞（句）、動詞（句）」や、「主述句」といった言葉も出てくる。この「句」とは、２つ以上の単語を組み合わせた言葉のこと。

■ このテキストに出てくる文章記号の用い方 ■

正しい文を作るには、文章記号を適切に用いることも大切である。

。　句点（句号 jùhào）　平叙文や語気の弱い命令文の文末に用いる。

他们是大学生。　彼らは大学生だ。

你休息吧。　休憩して。

？　疑問符（问号 wènhào）

工作忙吗？　仕事は忙しいですか。

这是谁的词典？　これは誰の辞書ですか。

！　感嘆符（感叹号 gǎntànhào）　感嘆文や語気の強い命令文の文末に用いる。

她真聪明啊！　彼女は本当に賢いなあ！

滚出去！　出て行け！

，　読点（逗号 dòuhào）

这是小张的，不是我的。　これは張さんのもので、私のではない。

老师，我有一个问题。　先生、質問があります。

、　並列符号（顿号 dùnhào）　3つ以上の語句の間すべてか最後以外に用いる。

书包里有电脑、课本和词典。　かばんにはパソコン、教科書と辞書がある。

昨天我写信、洗衣服、看朋友了。　昨日は手紙を書き、洗濯し、また友人を訪ねた。

：　引用文の前に用いる記号（冒号 màohào）

她说：“这个周末你来我家玩儿吧。”　彼女は「今週末、家に遊びに来て。」と言った。

“ ”　引用符（引号 yǐnhào）

他笑着说：“你来了。”　彼は笑って「いらっしゃい。」と言った。

《 》　書名符号（书名号 shūmínghào）

我想买一本《现代汉语词典》。　『現代漢語詞典』を買いたいと思っている。

第1課　形容詞述語文

エクスプレス復習

■いつのことについて述べる場合でも、形容詞の形は変わらない。いつのことかは、形容詞よりも前に時点を表す語句を入れることで表す。

主語＋程度を表す副詞＋形容詞

程度を表す副詞　很（強く発音するとき）とても　非常　非常に　比较　わりに　有点儿　少し
挺　なかなか（文末に“的”を付ける）　特别　とりわけ　真　実に；本当に

这个沙发很舒服。　このソファーは気持ちがいい。
那时我们都很年轻。　その時私たちはみな若かった。
外面非常热。　外は非常に暑い。
这次考试的成绩比较好。　今度の試験の成績はわりに良い。
那个地方有点儿远。　そこは少し遠い。
这个饭店的服务挺热情的。　このホテルのサービスはなかなか親切だ。
那个女孩儿特别可爱。　あの女の子はとりわけかわいい。
这个菜味道真不错。　この料理は実においしい。

比較や対照を表す文　主語＋形容詞

这个酸，那个甜。　これは酸っぱく、あれは甘い。

否定文　主語＋“不”＋形容詞

今天不热，昨天也不热。　今日は暑くないし、昨日も暑くなかった。

疑問文　主語＋形容詞＋“吗”？

你家乡那边暖和吗?　あなたの故郷の方は暖かいですか。

形容詞述語文の答えを導く疑問文　主語＋“怎么样”？　「～はどうであるか」

这件衬衫怎么样?　このシャツはどうですか。

■形容詞は重ね型になり、具体的な状況や状態について生き生きと描写する。

単音節形容詞（A）　→　AA　　红　赤い　→　红红　真っ赤である
2音節形容詞（AB）→　AABB　　安静　静かである　→　安安静静　しんと静かである

主語＋形容詞の重ね型＋“的”

猫的眼睛大大的。　猫の目はぱっちりしている。
妹妹的房间干干净净的。　妹の部屋はさっぱりきれいにしてある。

重ね型にした形容詞は程度をも含むので、さらに程度を表す副詞を用いることはない。

× 猫的眼睛很大大的。

具体的な状況や状態について「こんなふうである」と描写するので、否定文はない。

× 妹妹的房间不干干净净的。

トレーニング

中国語に訳しなさい。

① 今日は風が強い。

② 昼間は暑く、夜は涼しい。[昼間：白天]

③ この問題は複雑で、ちょっと面倒だ。[複雑だ：复杂　面倒だ：麻烦]

④ この道路は広く、前方のあの道路は狭い。[広い：宽　狭い：窄]

⑤ この２年間、お仕事は大変でしたか。[大変だ：辛苦]

⑥ 彼女が学級委員長を務めるのはふさわしいでしょうか。

[学級委員長：班长　ふさわしい：合适]

⑦ 私たちは最近勉強が忙しいです。あなたも忙しいですか。

⑧ 夫は子どものころは太っていた。[夫：丈夫]

⑨ このスカートはなかなか安く、品質もわりに良い。[品質：质量]

⑩ 彼の成績はとりわけ優秀だが、少々傲慢だ。[優秀だ：优秀　傲慢だ：骄傲]

⑪ この辺りは交通の便がわりに良いが、家賃が高い。[辺り：一带　家賃：房租]

⑫ 彼が亡くなったとき、私は非常に悲しかった。[亡くなる：去世　悲しい：难过]

⑬ この料理はちょっと塩辛くて、おいしくない。[塩辛い：咸]

⑭ 安心しなさい。彼の病気は深刻ではありません。[深刻だ：严重]

⑮ 今日の空は真っ青で、気分が本当に良い。[空：天　気分：心情]

⑯ 今そのようなことを言うのは、ふさわしくありません。

⑰ 彼女は髪が真っ黒で、目がぱっちりしていて、きれいだ。[髪：头发]

⑱ あなたが話題にしているその店員は、背が高かったですか。[店員：售货员]

⑲ ここ数日は空気がすごく乾燥していて、のどが少し痛い。
[乾燥している：干燥　のど：嗓子]

⑳ 彼はやることがちゃらんぽらんだ。[いいかげんだ：马虎]

第2課 "是"を用いる文

エクスプレス復習

■動詞"是"は「～は…である」と判断を表す文を作る。"是"は動作・行為を表すものではないため、いつのことについて述べる場合でも、形は変わらない。いつのことかは、"是"よりも前に時点を表す語句を入れることで表す。

主語＋"是"＋名詞（句）

星期六和星期天是休息日。　土曜日、日曜日は休日だ。
这一定是我同学的。　これはきっとクラスメートのだ。
我当时还是个孩子。　私はその時まだ子供だった。

否定文　**主語＋"不"＋"是"＋名詞（句）**

这些不是我的书。　これらは私の本ではない。

疑問文　**主語＋"是"＋名詞（句）＋"吗"？**

你是大学生吗？　大学生ですか。

■日付、曜日、時刻、年齢、値段を表す文では、"是"を用いないことが多い。

主語（＋"是"）＋日付／曜日／時刻／年齢／値段

今天五月四号，星期三。　今日は5月4日、水曜日だ。
现在几点？——现在三点一刻。　今何時ですか。——3時15分です。
你妹妹今年多大？——她今年十五岁。　妹さんは今年おいくつですか。——15歳です。
这个多少钱？——这个二百一十块钱。　これはいくらですか。——210元です。

但し、否定文、強調する場合、"吗"を用いる疑問文では"是"を用いる。

这个不是一百块钱，是一百零五块钱。　これは100元ではなく、105元だ。
你姐姐是二十五岁吗？　あなたのお姉さんは25歳ですか。

■「いつ／どこで／どのように／誰が～したのか」に焦点を当てる文を作る。

"是"＋焦点を当てる語句＋動詞＋"的"（＋目的語）　「～したのだ」

他是去年入学的吗？　彼は去年入学したのですか。
我是在大学学的中文。　私は大学で中国語を勉強したのだ。
她是坐电车来的。　彼女は電車で来たのだ。
这封信不是我写的。　この手紙は私が書いたのではない。

トレーニング

中国語に訳しなさい。

① 私の伯父は弁護士で、伯母は作家だ。[伯父：伯父　伯母：伯母]

② 左側は私たちが泊まるホテル、右側は大使館です。[ホテル：宾馆　大使館：大使馆]

③ あなたは 1 年生ですか。——はい、私たちは全員 1 年生です。

④ 私たちのクラスの学級担任は郭先生ではなく、楊先生だ。[学級担任：班主任]

⑤ 3 年前、彼は記者、私は公務員だった。[記者：记者　公務員：公务员]

⑥ あなた方の日本語の先生は日本人ですか。

⑦ ジュースは 150 円、ビスケットは 210 円、チョコレートは 300 円だ。
[ジュース：果汁　ビスケット：饼干　チョコレート：巧克力]

⑧ おとといは 4 月 22 日で、彼女の誕生日だった。

⑨ 私が欲しいのは、玉ねぎ、にんじん、じゃがいもです。
[玉ねぎ：洋葱　にんじん：胡萝卜　じゃがいも：土豆儿]

⑩ 5 月 5 日は日曜日でしたか。

⑪ 私たちのクラスで背が一番高いのは佐藤さんだ。

⑫ この部屋はすごくきれいだ。あなたが掃除したのですか。

⑬ これも110円ですか。

⑭ 彼女は2003年生まれで、今年23歳だ。(「2003年」に焦点を当てた文を作ること)

⑮ 1時限目の授業の開始時刻は8時ではなく、9時だ。

[〜時限：节　授業の開始時刻：上课时间]

⑯ あなたの発音は本当に正確です。中国で勉強したのですか。[正確だ：标准]

⑰ いま12時半で、昼休みだ。[昼休み：午休的时间]

⑱ 私たちは今回新幹線で行ったのです。新幹線を使うのはなかなか便利です。

[新幹線：新干线]

⑲ 当時私は20歳、彼は22歳で、私たちはともに若かった。

⑳ 彼は去年亡くなったのではなく、おととし亡くなったのです。

第3課 疑問文

エクスプレス復習

“吗”を用いる疑問文　**文＋“吗”？**　文の内容が正しいか尋ねる。

她是你同事吗？　彼女はあなたの同僚ですか。

工作都顺利吗？　仕事はすべて順調ですか。

反復疑問文　述語を **肯定形＋否定形** に並べ、「そうであるかないか」を選ばせる。“也”や“都”などの副詞は使えない。

你晚上咳嗽不咳嗽？　夜せきが出ますか。

你叔叔身体好不好？　叔父さんはお元気ですか。

× 你也同意不同意？

選択疑問文　**A＋“还是”＋B？**　選択肢を２つ示し、どちらかを選ばせる。

你爸爸参加还是你妈妈参加？　お父さんが出席されますか、お母さんが出席されますか。

这份报纸是今天的还是昨天的？　この新聞は今日のですか、それとも昨日のですか。

疑問詞疑問文　尋ねたいところに疑問代詞を置く。

疑問代詞　什么 何；どんな　谁 誰

哪 どれ　哪个 どれ（単数）　哪些 どれ（複数）　哪儿；哪里 どこ

怎么 どうして；どのように　为什么 なぜ；どうして　怎么样 どうであるか

几「“几”＋量詞」で「いくつ」　多少 どのくらい

多「“多”＋形容詞」で「どのくらい～か」

这句话到底是什么意思？　この言葉はいったいどういう意味ですか。

这是谁的钥匙？　これは誰のかぎですか。

你喜欢哪个？　どれが好きですか。

你要几个塑料袋？　ビニール袋は何枚要りますか。

■“怎么”と“为什么”はどちらも原因・理由を尋ねるが、“怎么”は、意外な状況が理解できず、納得できない気持ちを表す。

暑假你怎么不回中国？　夏休み、(帰るべきなのに）どうして中国に帰らないのですか。

暑假你为什么不回中国？　夏休み、なぜ中国に帰らないのですか。

■疑問代詞には不定のものを表す用法もある。

你哪儿不舒服吗？　（体の）どこか具合が悪いのですか。

咱们买几个吧。　いくつか買いましょう。

トレーニング

中国語に訳しなさい。

① あなたの妹さんは今年おいくつですか。

② あなたの携帯番号はいくつですか。[携帯番号：手机号码]

③ 赤ちゃんは男の子ですか、それとも女の子ですか。[赤ちゃん：小宝宝]

④ 運動会はなぜ延期するのですか。[延期する：延期]

⑤ ほら、私のはここにありました。あなたのはどこにありますか。[ほら：你看]

⑥ あの学生は誰ですか。あなたの同級生ですか。

⑦ 今回の試合はあなたも参加を申し込みますか。[申し込む：报名]

⑧ 地下鉄に乗るのが便利ですか、それともバスに乗るのが便利ですか。

⑨ 黄先生が何時に帰っていらっしゃるか知っていますか。

⑩ 私たちは法学部の学生です。あなたは何学部（どの学部）の学生ですか。[学部：系]

⑪ どんな色のがほしいですか。このピンク色のはどうですか。[ピンク色：粉红色]

⑫ 会社は最近どうしてこんなに忙しいのだろう。

⑬ 今日は日曜日です。私たち、どこに遊びに行きますか。

⑭ 午後はどんな用事があるのですか。

⑮ 午後は何か用事があるのですか。

⑯ 前回の試験は誰の成績が良かったですか。

⑰ どのくらい餃子をご注文なさいますか。——200 グラム下さい。

[注文する；求める：要　50 グラムの重さの単位を表す量詞：两]

⑱ 学校では明日どんなところ（複数）を見学しに行くのですか。[見学する：参观]

⑲ 昨日私たちはタクシーで行ったんです。あなたたちはどうやって行ったのですか。

[タクシーに乗る：打车]

⑳ T シャツの色はなかなか良いですね。何着か買いましょう。

[T シャツ：T 恤衫　良い：不错]

第4課 “有”を用いる文

エクスプレス復習

■動詞“有”は主に所有を表す文と存在を表す文を作る。

所有　所有者＋“有”＋事物／人　「～は…を持っている」

我有一个哥哥、一个姐姐和两个妹妹。　私には兄が1人、姉が1人、妹が2人いる。

你有没有护照?　パスポートを持っていますか。

存在　場所／時間＋“有”＋事物／人　「～には…がある／いる」

老师那儿有各种各样的词典。　先生のところにはいろいろな辞書がある。

今年有很多女学生。　今年は女子学生がたくさんいる。

冰箱里有吃的吗?　冷蔵庫に食べるものはありますか。

目的語は不特定のものに限られる。

× 教室里有那两个学生。

否定文　“没有”＋事物／人

我没有兄弟姐妹，是独生子。　私には兄弟姉妹がおらず、一人っ子（一人息子）だ。

冰箱里没有鸡蛋。　冷蔵庫には卵がない。

■“有”を用いるその他の表現

“有”＋数詞＋量詞　「～（の数量）に達している」

那个人大约有五十多岁。　その人はだいたい50歳ちょっとすぎだった。

这个公园有一千六百平方公里。　この公園は1600平方キロメートルある。

我没有一米七零。　私は170センチない。

“有”＋目的語（事物／人）＋動詞（句）　「～する…がある／いる」

我有时间参加活动。　私はイベントに参加する時間がある。

那些人都没有房子住。　あの人たちはみな住む家がない。

我有一个朋友姓欧阳。　私には欧陽という名字の友人がいる。

电车上没有人说话。　電車内には話をする人はいない。

トレーニング

中国語に訳しなさい。

① あなたにもお兄さんがいるのですか。

② 弟には悪い癖がある。[悪い癖：坏毛病]

③ どの学生もみな『新華字典』を持っている。[どの〜も：每个]

④ 図書館の北側には教室棟があり、西側には売店がある。[教室棟：教学楼　売店：小卖部]

⑤ 私のところには果物がたくさんある。

⑥ 世界にはどのくらいの種類の植物があるだろうか。[植物：植物]

⑦ キャンパス内には食堂がいくつもある。[キャンパス：校园　いくつも：好几个]

⑧ 以前はこのような決まりはなかった。[決まり：规定]

⑨ このひもは５メートルあるだろうか。[ひも：绳子]

⑩ 彼女は痩せていて、50 キロない。[500 グラムの重さの単位を表す量詞：斤]

⑪ 彼らが住むマンションは（高さが）高く、30 階ある。[マンション：公寓　～階：层]

⑫ 私は優勝する自信がある。[自信：信心　優勝する：获得冠军]

⑬ 昔、ある名医がいたが、彼は華《か》佗《だ》という名前だった。[昔：从前　名医：名医]

⑭ 昔、華佗という名前の名医がいた。

⑮ ここには彼を知っている人はいない。[見知る；知り合う：认识]

⑯ 今日は広場にダンスをする人がいない。[広場：广场]

⑰ 学生たちは実習に行く機会がありますか。[実習する：实习]

⑱ 去年は仕事があまり忙しくなかったので、遊びに出かける暇があった。

⑲ 私たちのクラスには、毎年この活動に参加している学生が 2 名いる。[～名：名]

⑳ ふだん私には中国語を話す機会がないし、また中国語を勉強する時間もない。

第５課　願望・意志、可能・許可を表す助動詞

エクスプレス復習

主語＋助動詞＋動詞（句）

反復疑問文　主語＋助動詞の肯定形＋否定形＋動詞（句）

■願望・意志を表す助動詞

想　「～したい（と思う）」

这个周末我想去爬山。　今週末山登りに行きたい。

我不想浪费时间。　時間をむだにしたくない。

要　「～したい（と思う）；～しようと思う」“想”より語気が強く、意志や決心をも表す。

我要去北京看京剧。　北京へ京劇を見に行きたい。

否定は“不想”（～したくない）。

我今天太累，不想做家务。　今日はとても疲れているので、家事をしたくない。

愿意　「～したい；喜んで～する」

我愿意参加比赛。　喜んで試合に参加します。

你愿不愿意继续学习？　勉強を続けたいですか。

肯　「進んで～する；～することをいとわない」

谁肯负责这项工作？　誰が進んでこの仕事の責任を負いますか（誰かこの仕事を引き受けてもよいという人はいませんか）。

弟弟不肯做作业。　弟は宿題をしようとしない。

敢　「～する勇気がある」

没有人敢批评他。　彼を批判する勇気がある人はいない。

你敢不敢说实话？　本当のことを言う勇気はありますか。

■可能・許可を表す助動詞

会　「（学習や経験をし技術を習得して）～できる」

我不会踢足球。　私はサッカーができない。

能　「（十分な能力や条件があって）～できる」

他能吃三十个饺子。　彼は餃子を 30 個食べられる。

我现在没有时间，不能陪你聊天儿。　今時間がないので、あなたのおしゃべりにつきあえません。

可以

「（能力や条件があって差し支えなく）～できる」

他会说汉语，可以当翻译。　彼は中国語が話せるから、通訳になれる。

这个房间可不可以住四个人？　この部屋は４人泊まれますか。

「～してよい」。許可

我可以问问题吗？　質問してもいいですか。

否定は“不能”（～してはいけない）。

这里不能抽烟。　ここではタバコを吸ってはいけません。

トレーニング

中国語に訳しなさい。

① 中国へ留学に行きたいですか。

② この子はまだ話せない。

③ 明日映画を見に行けますか。

④ 私はこの街（都市）を離れたくない。[街を数える量詞：座　離れる：离开]

⑤ この洗濯機は割り引きできますか。[割り引きする：打折]

⑥ 我々は食糧をむだにしてはいけない。[食糧：粮食]

⑦ これらの資料をコピーしたいと思います。[コピーする：复印]

⑧ 今後私は自分の生活習慣を変えようと思う。[変える：改变]

⑨ あの中国人留学生たちは苦労することをいとわない。

⑩ 彼は私の助けを必要としている。私は彼を助けたい。

⑪ 彼女は自分の過ちを認めようとしない。[過ち：错误　認める：承认]

⑫ ここは手を洗うことはできるが、歯磨きはできない。[歯磨きする：刷牙]

⑬ 今トイレに行ってもよろしいですか。——どうぞ。[トイレに行く：上厕所]

⑭ 私は行きたくないと言う勇気がない。

⑮ 今回のバスケットボールの試合、私たちはきっと彼らに勝てる。

[試合を数える量詞：场　勝つ：赢]

⑯ 姉は中国語が話せるし、さらに中国語の新聞を読むこともできる。[さらに：还]

⑰ 私は街へ買い物に出ようと思っているのですが、私につきあって一緒に行きたいですか。

[街へ出る：上街]

⑱ おばあちゃんは飛行機に乗るのが怖いから、新幹線で行こう。

⑲ 今夜は急用があるから、あなたの代わりにパーティーに参加することはできません。

[急用：急事　～に代わる：替　パーティー：晚会]

⑳ 美術館では、鉛筆を使ってもいいですが、それ以外の筆記具を使ってはいけません。

[それ以外：其他]

第６課　必要・義務・当然、可能性・推測を表す助動詞

エクスプレス復習

主語＋助動詞＋動詞（句）

■必要・義務・当然を表す助動詞

要　**得**　「(必要や義務から）～しなくてはならない；～する必要がある」

“得”は話し言葉。“得”は反復疑問文を作れない。

你要按时上课，不要迟到。	時間どおりに授業に出なくてはなりません、遅刻しないで。
我得马上回家做饭。	すぐ家に帰ってご飯を作らなければなりません。
这个菜要不要放西红柿？	この料理はトマトを入れる必要がありますか。

否定は“不用”（～しなくてよい；～する必要がない)。

明天放假，不用上班。	明日は休みだから、出勤しなくてよい。

应该　「(道理からして当然）～すべきである」

你应该相信朋友。	友人を信じるべきです。

否定は“不应该”（～すべきでない)。

他不应该骗老师。	彼は先生をだますべきでなかった。
这件事应不应该告诉他？	この事は彼に知らせるべきでしょうか。

■可能性・推測を表す助動詞

会　「(可能性があり）～だろう；～はずだ」

天气预报说，下午会下雨。	天気予報によれば、午後は雨が降るだろうとのことだ。
他们怎么会输呢？	彼らはどうして負けることがあるでしょうか（＝勝つはずです)。

可能性が高いことを表したい場合、文末に断定を表す“的”を置く。

不用担心，女儿一定会明白的。	心配する必要はありません。娘はきっと分かってくれるはずです。

否定は“不会”（～ないだろう；～はずない)。

放心吧，她不会生气。	安心して、彼女は怒らないでしょう。
父亲不会反对的。	父は反対するはずありません。

トレーニング

中国語に訳しなさい。

① 私は今日子どもを送り迎えしなくてはならない。[送り迎えする：接送]

② しっかり復習をするべきです。

③ 他人をいじめないように。[いじめる：欺负]

④ 彼はあなたのことを理解してくれるはずです。[理解する：理解]

⑤ 私はすぐにオフィスに戻る必要がありますか。(反復疑問文を用いること)

⑥ 彼らは我々の要求を受け入れるはずがない。[要求：要求　受け入れる：接受]

⑦ 他人の悪口を言うべきでありません。[悪口：坏话]

⑧ 彼の両親はきっとあなたを歓迎するはずです。

⑨ あなたたちは勉強が大変なのだから、体に気をつけなくては。

⑩ このことは、母は忘れるはずがない。

⑪ わざと人を傷つけるべきではありません。[わざと：故意　傷つける：伤]

⑫ ゲームをすることは勉強を妨げるだろうか。[妨げる：影响]

⑬ 彼らはみんな僕のクラスメートなので、遠慮しなくていいですよ。

⑭ 将来きっと後悔するはずです。[後悔する：后悔]

⑮ 今回の交流会は校長先生を招待すべきではないでしょうか。
[～ではないか：是不是　招待する：邀请]

⑯ 怖がる必要はありません。お父さんはあなたを叱るはずありません。
[怖がる：害怕　叱る：骂]

⑰ 部屋に入る前にドアをノックしなくてはなりません。
[部屋に入る：进屋　～する前に：之前　ノックする：敲]

⑱ 小学生は無料で見学できるから、お金を払う必要はない。[無料で：免费　払う：付]

⑲ 相談しなくてはならないことがたくさんありますが、私はメモを取る必要がありますか。
(反復疑問文を用いること) [メモを取る：记笔记]

⑳ このフォームは日本語で記入しないように。[フォーム：表格]

第7課　動詞の後の“了”と文末の“了”

エクスプレス復習

■動詞の後の“了”「～した」動作・行為の実現・完成

動詞＋“了”＋数量などの連体修飾語＋目的語

他昨天看了一场中国电影。　彼は昨日、中国映画を（一本）見た。

你今天喝了几杯咖啡？　今日はコーヒーを何杯飲みましたか。

動詞＋“了”＋時間量補語／動作量補語＋目的語　（時間量補語、動作量補語は 34 頁）

他学了三年汉语。　彼は中国語を 3 年間学んだ。

爷爷今天吃了几次药？　おじいちゃんは今日何回薬を飲みましたか。

動作の順序を表す場合は、これから実現・完成する動作・行為にも用いる。

動詞 1 ＋“了”＋目的語＋“再”＋動詞 2　「～してから…する；～したら…する」

洗了手再吃饭。　手を洗ってから食事をしなさい。

■文末の“了”「～になった」「～した（よ）」新しい事態が発生し変化したことや、動作・行為の実現・完成を確認する話し手の気持ち

他十六岁了，是高中生了。　彼は 16 歳になり、高校生になった。

三点了，大家都来了吗？　3 時になりましたが、みんな来ましたか。

他的病好了没有？　彼の病気は治りましたか。

我现在有时间了，可以帮你干活。　今時間ができたので、あなたの仕事を手伝えます。

我买票了。　切符を買いましたよ。

你已经做作业了吗？　もう宿題をしましたか。

“就要～了”「もうすぐ～する」

飞机就要起飞了。　飛行機はもうすぐ離陸する。

■否定文

“(还) 没”＋動詞（＋目的語）（＋“呢”）「～しなかった；(まだ) ～していない（よ）」動作・行為が実現・完成していない

他没来学校。　彼は学校に来ていない。

学校还没放暑假呢。　学校はまだ夏休みになっていませんよ。

“(还) 没”＋形容詞（＋“呢”）「(まだ) ～になっていない（よ）」性質・状態が変化していない

天还没晴呢。　空はまだ晴れていません（晴れになっていません）よ。

“不～了”「(予定を変更して) ～しないことにした」「～（し）なくなった」

我还有事，不吃了。　まだ用事があるので、食べないことにした。

外边太热了，我不想出去了。　外はあまりに暑くて、出かけたくなくなった。

トレーニング

中国語に訳しなさい。

① おじいちゃんはもう病院へ行った。

② 私は最近太った。

③ あの子はまだ小学校に上がっていない。[上がる：上]

④ 彼は大学院を受験したくなくなった。[大学院を受験する：报考研究生]

⑤ 先週彼は3回図書館に行った。

⑥ どのくらいビールを注文しましたか。

⑦ ご飯はまだ炊けていない。[炊ける：熟]

⑧ 兄は餃子をたくさん作ってくれたが、すごくおいしかった。

⑨ 弟は13歳になり、中学生になった。[中学生：初中生]

⑩ 朝食を食べてから学校に行きなさい。

⑪ 明日は雨が降るだろうから、泳ぎに行かないことにした。

⑫ この週末にどこへ行きましたか。

⑬ 雨がやんでから行きましょう。［やむ：停］

⑭ 彼女の病気は良くなったので、登校できるようになった。［登校する：上学］

⑮ 私たちは今日何遍も教科書本文を音読した。

⑯ （空が）晴れたので、洗濯物を干せるようになった。［干す：晒］

⑰ 弟は昨晩 3 時間テレビを見て、宿題をやらなかった。

⑱ 私は鶏肉を 500 グラム、牛肉を 300 グラムと豚肉を 250 グラム買った。

［鶏肉：鸡肉　牛肉：牛肉　豚肉：猪肉］

⑲ 彼女はけがをしたので、試合に参加できなくなった。［けがをする：受伤］

⑳ 彼は昨日朝寝坊をしたので、時間どおりに出勤しなかった。

［朝寝坊をする：睡懒觉　時間どおりに：按时］

第8課　2つの“了”を用いる場合、“了”を用いそうで用いない場合

エクスプレス復習

■2つの“了”を用いる場合

動詞＋“了”＋時間量補語／動作量補語（＋目的語）＋“了”

動詞＋“了”＋人を表す目的語＋時間量補語／動作量補語＋“了”

「（今のところ）どのくらいの時間／回数～している」

我们学了三年汉语了。　私たちは中国語を３年間学んでいる。

他的信我看了好几遍了。　彼の手紙は何度も読んでいる。

我等了她好长时间了。　私は彼女を長い間待っている。

動詞（持続できない）＋“了”＋時間量補語＋“了”　「～してからどのくらいになる」

爷爷死了十几年了。　祖父が亡くなってから十数年たつ。

■“了”を用いそうで用いない場合

恒常的な動作・行為

年轻的时候，他每天都喝很多酒。　若いころ、彼は毎日お酒をたくさん飲んでいた。

小学放假我都去奶奶家。　小学校が休みになると、いつも祖母の家に行った。

目的語が動詞（句）や主述句

三年前，他开始学习汉语。　３年前、彼は中国語の勉強を始めた。

昨天我发现他不在学校。　昨日、彼が学校にいないことに気がついた。

引用文の前の動詞

老师说：“明天考试。”　先生は「明日試験をします。」とおっしゃった。

連体修飾語の中

我昨天看的电视剧非常有意思。　昨日見たドラマは非常におもしろかった。

我找他的时候，他已经走了。　彼を訪ねたとき、彼はもう行ってしまっていた。

連動文の１つ目の動詞

妈妈今天去百货店买了几件衣服。　母は今日デパートへ行って服を何枚か買った。

前に助動詞がある

小时候，我想当一名飞行员。　子供のころ、パイロットになりたかった。

「いつ／どこで／どのように／誰が～したのか」

“是～的”（10頁）を用いて表すのが適当。

她是什么时候洗的衣服？　彼女はいつ洗濯したのですか。

你是在哪儿看的电影？　どこで映画を見たのですか。

这个菜是怎么做的？　この料理はどうやって作ったのですか。

是谁打扫的房间？　誰が部屋を掃除したのですか。

前に“才”がある（61頁）

哥哥昨天晚上十一点才回家。　兄は昨晩11時にようやく帰宅した。

トレーニング

中国語に訳しなさい。

① この小説はもう１週間読んでいる。

② 医者は「風邪ですね。」と言った。

③ これは私が買ったばかりのテレビだ。［〜したばかり：刚］

④ 彼は何年も太極拳を習っている。［太極拳：太极拳］

⑤ 彼は私が宿題を提出しなかったことに気付いた。［気付く：发现］

⑥ どこで切符を買ったのですか。

⑦ 彼女は小さいころ父親に似ていた。［似ている：像］

⑧ 彼らが行ってから１時間たつので、もう到着しているでしょう。

⑨ 高校に通っていたころ、私は毎日ジョギングをしていた。［ジョギングをする：跑步］

⑩ 先週の日曜日、私たちは何本か映画を見た。［映画を数える量詞：场］

⑪ さっき外に李課長をお訪ねの方が１人いましたよ。[課長：科长]

⑫ お母さんはあなたを何遍も呼んでいます。[～遍：遍]

⑬ あなたのこの手袋はどうやって編んだのですか。[手袋：手套　編む：织]

⑭ 私たちが駅に着いたときには、電車はすでに発車していた。[発車する：发车]

⑮ 以前はコーヒーを飲むのが好きだったけれど、今は好きではなくなった。

⑯ ずっとここに遊びに来たいと思っていた。[ずっと：一直]

⑰ 昨日は家に人がいなくて、寂しかった。[寂しい：寂寞]

⑱ 私たちは午前中、体育館へ行って１時間半卓球をした。

⑲ 日本に来る前、彼は日本語を話せなかった。

⑳ 大学に通っていたころ、私たちは毎日図書館に行って勉強していた。

第９課 “过”と“着”と“在”

エクスプレス復習

■“过”

動詞＋“过” 「～したことがある」 経験

我曾经写过一本书。　私はかつて本を書いたことがある。

她以前当过英语老师。　彼女は以前英語の先生をしていたことがある。

否定文 **“没”＋動詞＋“过”**

她没喝过这么新鲜的牛奶。　彼女はこんなに新鮮な牛乳を飲んだことがない。

姥姥从来没骑过自行车。　祖母は今まで自転車に乗ったことがない。

反復疑問文 **文＋“没有”？**

你爬过长城没有？　万里の長城に登ったことがありますか。

■“着”

動詞＋“着” 「～している／ある（ままだ）；～し（続けて）いる／ある」 持続

那匹马还活着呢。　あの馬はまだ生きていますよ。

墙上挂着几幅画儿？　壁には何枚の絵が掛かっていましたか。

否定文 **“没”＋動詞＋“着”**

我没躺着。　私は横になっていない。

王大夫今天没戴着眼镜。　王先生は今日眼鏡をかけていない。

反復疑問文 **文＋“没有”？**

他戴着帽子没有？　彼は帽子をかぶっていますか。

屋子里有点儿闷，窗户开着没有？　部屋の中が少し蒸しますが、窓は開いていますか。

動詞１＋“着”（＋目的語）＋動詞２（＋目的語）

「～した状態（のまま）で…する；～して…する」

别躺着看书。　横になって本を読まないで。

她每天抱着布娃娃睡觉。　彼女は毎日ぬいぐるみを抱いて寝ている。

■“在”

“在”＋動詞（＋目的語）＋“呢” 「～している（ところだ）」 進行

“正在”とすると「ちょうど～しているところだ」となる。

我们（正）在说你呢。　（ちょうど）あなたのことを話していた（ところです）よ。

“在”を用いず、文末に“呢”を用いるだけでも進行を表す。

你干什么呢？——我做功课呢。　何をしているの？——勉強をしているんだよ。

否定文 **“没”＋“在”＋動詞（＋目的語）**

我没在做作业。　私は（今）宿題をしてはいない。

■状態の持続と動作の進行の比較

状態の持続　她穿着一件漂亮的衣服。　彼女はきれいな服を着ている（身に着けている）。

動作の進行　她（正）在穿衣服呢。　彼女は服を着ている（ところだ）。

トレーニング

中国語に訳しなさい。

① 聞いているよ、言って。

② 彼女はずっと私を見つめていた。[見つめる：盯]

③ 龍井茶《ロンジンちゃ》を飲んだことがありますか。[龍井茶：龙井茶]

④ 急いで行きなさい。先生がずっとあなたを待っているよ。[急いで：赶紧]

⑤ その人はサングラスをかけている。[サングラスを数える量詞：副　サングラス：墨镜]

⑥ 私はちょうど子どものころの写真を見ていたところだ。[子どものころ：小时候]

⑦ 自分の物は自分で持っていなさい。

⑧ ドアは鍵がかかっています。鍵はどこにありますか。[鍵をかける：锁]

⑨ どうぞお座りください。私は立っていて大丈夫です。[大丈夫だ：没问题]

⑩ 以前そこに行ったことがある。

⑪ テーブルの上には物が置かれていない。

⑫ 何を探しているの？――カメラを探しているんだよ。

⑬ 私は今までこの物語を聞いたことがない。［物語：故事］

⑭ もう4月10日になったのに、桜の花はまだ咲いていますよ。
［もう～になった：都～了　桜の花：樱花　咲く：开］

⑮ 客はスーツケースを持って去って行った。［スーツケース：手提箱］

⑯ 外は雨が降っていない。

⑰ 王先生は時々座って講義をされる。［時々：有时候　講義をする：讲课］

⑱ 私はテレビを見てはいない。

⑲ 学校の出入り口にはたくさんの保護者が立っている。［たくさんの：许多　保護者：家长］

⑳ オフィスの明かりがずっとついているから、彼らはまだ仕事をしているよ。
［明かり：灯　つく：亮］

第 10 課　数量の表現

エクスプレス復習

■事物の数量

数詞＋量詞＋名詞　「どれだけの～」

量詞とそれを用いて数えるもの

个：人 人　橘子 みかん　办法 方法；やり方
张：纸 紙　桌子 机；テーブル　床 ベッド
件：大衣 コート　事（情） 事柄；用事
辆：汽车 自動車　自行车 自転車
双：袜子 靴下　筷子 はし
台：电视机 テレビ　电脑 コンピューター
家：商店 商店　公司 会社
杯：茶 茶　咖啡 コーヒー
本：书 本　词典 辞書
条：河 川　手巾 タオル　裤子 ズボン
支：铅笔 鉛筆　蜡烛 キャンドル
把：椅子 いす　剪刀 はさみ　钥匙 かぎ
只：耳朵 耳　鸟 鳥
片：药 薬　面包 パン
座：山 山　楼 ビル　桥 橋
瓶：汽水 炭酸飲料　啤酒 ビール

妈妈今天买了一斤牛肉。　母は今日牛肉を 500 グラム買った。
今天来了几位客人？　今日は何人のお客さんがいらっしゃいましたか。

“这／那／哪”＋数詞（“一”の場合は省略）＋量詞＋名詞　「この／あの／どの～」

这两本杂志都是我昨天买的。　この 2 冊の雑誌はどちらも私が昨日買ったものだ。
那把雨伞八十九块九毛钱。　その傘は 89 元 9 角だ。

■動作・行為の時間や回数

動詞＋時間量補語／動作量補語（＋事物を表す目的語）

「どのくらいの時間／回数（～を）～する」

時間量補語　～年 ～年間　～个月 ～か月　～个星期 ～週間　～天 ～日間
～个小时 ～時間　～分钟 ～分間

我昨天睡了七个小时。　昨日 7 時間寝た。
她今天休息，玩儿了一天游戏机。　彼女は今日は休みで、一日ゲームで遊んだ。

動作量補語（数詞＋動作の量を表す量詞）　次 ～回；～度　遍 ～遍　趟（往復）～度

我每周去三次超市。　週に 3 回スーパーに行く。
这本小说我想再看一遍。　この小説はもう一遍読みたい。
春节我想回一趟家。　春節は一度家に帰ってきたい。

目的語が人称代詞や特定の人物の場合　**動詞＋人を表す目的語＋時間量補語／動作量補語**

大家等了你好长时间了。　みんなあなたをずいぶん長い時間待っています。
我曾经见过他几次。　彼にかつて何度か会ったことがある。

範囲を表す時間量／動作量＋動詞＋時間量補語／動作量補語

「どのくらいの範囲のうちに、どのくらいの時間／回数～する」

她们一个星期活动三次。　彼女たちは週に 3 回活動している。
这个药一天吃一次，一次吃两片。　この薬は 1 日 1 回、1 回 2 錠飲む。

トレーニング

中国語に訳しなさい。

① 私は今日コーヒーを 3 杯飲んだ。

② この橋は何という名前ですか。

③ 天安門の前には 1 本の川がある。

④ このはさみは使いやすいですか。[使いやすい：好用]

⑤ このイベントは毎年 1 回開催される。[開催する：举行]

⑥ 私は以前香港に 1 度行ったことがある。

⑦ あなたはふだんどのスーパーへ買い物をしに行きますか。

⑧ 私たちは昨日彼女を 1 時間待った。

⑨ 第 9 課の新出語句は 10 遍書いた。[新出語句：生词]

⑩ 私はさっき図書館へ行って 30 分新聞を読んだ。[新聞：报　読む：看]

⑪ あのコートはちょっと高いから、買わないことにした。

⑫ 2時間に1回休憩しましょう。

⑬ 大学に通っていたころ、彼女は上海語を1年間習った。[上海語：上海话]

⑭ 彼らは週に40時間働く。

⑮ 去年私はヨーロッパへ2週間旅行しに行った。[ヨーロッパ：欧洲]

⑯ 今週末に1度大阪へ行ってこようと思っている。

⑰ 妹は1日に2時間ピアノを練習する。[練習する：练]

⑱ 子どものころ、何度も水族館に行ったことがある。[水族館：水族馆]

⑲ 彼の体重は1か月で3キロ増えた。[～キロ（グラム）：公斤　増える：长]

⑳ 母は3日に1回バドミントンをしに行く。[バドミントン：羽毛球]

第11課 介詞“在、从、到、离、往、跟”

エクスプレス復習

■ 介詞＋名詞（句）／代詞 で主に連用修飾語になる。

在 「～で」

我每天在新宿站倒车。　私は毎日新宿駅で乗り換える。

从 「～から」　到 「～まで」

从这里去车站要几分钟?　ここから駅へ行くのに何分かかりますか。

那家商店从上午十点到晚上八点营业。　その店は午前10時から夜8時まで営業している。

离 「～から；～まで」

医院离这儿只有五百米，不用坐出租车。　病院はここから500メートルしかないので、タクシーに乗る必要はない。

离约定的时间还有半个小时。　約束の時間まであと30分ある。

往 「～に（向かって）；～（の方）へ」

从这儿一直往前走就到了。　ここからまっすぐ前に向かって行くと着く。

往锅里放一些盐吧。　鍋に塩を少し入れたら。

跟 「～と；～に（対して）」

小刘跟朋友在门口聊天儿呢。　劉さんは友達と入り口でおしゃべりしてますよ。

他个子跟我差不多。　彼は背丈が私とほぼ同じだ。

他跟我说：“一路顺风！”　彼は私に「道中無事で！」と言った。

■否定文

動作を表す動詞を用いた文の否定は、“不／没”を介詞の前に置く。

他每天都带便当，不在食堂吃午饭。　彼は毎日弁当を持ってきているので、食堂で昼食を食べない。

她不跟我打招呼。　彼女は私にあいさつをしない。

我还没从那个图书馆借过书。　私はまだその図書館から本を借りたことがない。

形容詞を用いた文の否定は、“不”を形容詞の前に置く。

机场离这儿不远。　空港はここから遠くない。

我的看法跟你们的不一样。　私の見方はあなたたちのとは違います。

■副詞や助動詞を用いる場合、介詞の前に置く。

你不要在家等我，先去吧。　家で私を待たないで、先に行って。

我得跟她联系一下。　ちょっと彼女に連絡しなくてはなりません。

你应该往这个方向走。　あなたはこの方向に行くべきです。

トレーニング

中国語に訳しなさい。すべて介詞を用いること。

① その会社は地下鉄の駅から比較的近い。

② 期末試験は明日から始まる。

③ 彼女は毎年友人と一緒にクリスマスを過ごす。[クリスマス：圣诞节　過ごす：过]

④ 金曜日、私は午後４時から夜９時までアルバイトをする。

⑤ お年寄りたちは外でひなたぼっこをするのが好きだ。[ひなたぼっこをする：晒太阳]

⑥ 出発する時間まであと 30 分ある。[出発する：出发]

⑦ 私は彼と会いたくない。

⑧ 郵便局へ行くには、どちら側に行きますか。[どちら側：哪边]

⑨ 弟とけんかをしないように。[けんかをする：打架]

⑩ 今年は中国で春節を過ごしたい。

⑪ 入り口で靴を脱ぐ必要がありますか。(反復疑問文を用いること) [脱ぐ：脱]

⑫ ここから動物園に行くには何番のバスに乗りますか。[～番：路]

⑬ このことはまだ両親と相談していない。

⑭ 私はふだん彼に連絡しない。[連絡する：联系]

⑮ この席は舞台から遠すぎる。[席：座位　舞台：舞台]

⑯ 子どもから大人までみなこの歌が好きだ。[大人：大人]

⑰ 川に物を捨ててはいけません。[捨てる：扔]

⑱ 私はお父さんに口答えをする勇気はない。[口答えをする：顶嘴]

⑲ 右に行くべきではないでしょうか。

⑳ ここからまっすぐ行って、1つ目の十字路で左に曲がります。
[十字路：十字路口　曲がる：拐]

第12課　介詞“给、对、向、为、用”

エクスプレス復習

给　「～（のため）に；～に（対して）」

我会说日语，能给中国游客当翻译。　私は日本語が話せるので、中国人観光客に通訳をすることができる。

他一直不给我写信。　彼はずっと私に手紙を書いてくれない。

对　「～に（対して）；～に（向かって）；～に（とって）；～に（ついて）」

孩子们对老师很有礼貌。　子供たちは先生にとても礼儀正しい。

这件事不能对他说。　このことは彼に言ってはいけません。

抽烟对身体没有好处。　タバコを吸うのは体に良くない。

小李对日本的饮食文化非常感兴趣。　李さんは日本の食文化に非常に興味がある。

他对那家餐厅的服务和价格很不满意。　彼はそのレストランのサービスと価格にとても不満だ。

向　「～に（向かって）；～に（対して）；～から」

我们应该向北走还是向南走？　北に行くべきですか、南に行くべきですか。

你要向大家道歉。　あなたはみんなに謝らなければなりません。

我向姐姐借了一百块钱。　姉から100元借りた。

为　「～（のため）に」

妈妈每天都为我做好吃的东西。　母は毎日私のためにおいしいものを作ってくれる。

请不要为我担心。　私のために心配しないでください。

为幸福干杯！　幸福に乾杯！

用　「～を用いて；～で」

姥姥用旧报纸擦玻璃。　祖母は古新聞でガラスを拭く。

你们不能用老眼光看人。　古い見方で人を見てはいけません。

■「～（人）に」は、介詞ではなく、「動詞＋間接目的語（人に）＋直接目的語（事物を）」という文型で表すこともできる。ただし、動詞は“给、教、问、告诉”など限られたものである。

邻居给了我一个大西瓜。　お隣さんは私に大きなスイカを一つくれた。

你教我日语，好吗？　私に日本語を教えてくれませんか。

我可以问你一个问题吗？　あなたに一つ質問をしてもいいですか。

请告诉我你的名字和年龄。　私にあなたの名前と年齢を教えてください。

トレーニング

中国語に訳しなさい。

① 私は子どもに『西遊記』を買った。[西遊記：西游记]

② あなたたちは中国の歴史に興味がありますか。

③ 彼に電話をかけましたか。

④ あなたの誕生日に乾杯！

⑤ 父は私にお小遣いをくれた。[お小遣い：零用钱]

⑥ 私は彼らに感謝の意を表したいと思う。[感謝の意：谢意　表す：表示]

⑦ 親は必ず子どもに責任を持たなくてはならない。[責任を持つ：负责]

⑧ 私にあなたの携帯番号を教えてください。

⑨ 同僚から傘を借りた。

⑩ ご両親に本当のことを言うべきです。

⑪ 先生は毎日私たちのために宿題を添削してくださる。[添削する：批改]

⑫ 彼は他人にあまり親切ではない。

⑬ お年寄りたちは紙でたくさんの鶴を折った。[鶴：仙鹤　折る；畳む：叠]

⑭ 劉先生は北京の人で、北京について非常によく知っている。[よく知っている：熟悉]

⑮ ボールペンで書いてください。鉛筆で書かないように。

⑯ 読書が子どもにとって良いということは知っている。[読書：读书]

⑰ 私はあなたに小さなプレゼントを用意しました。[小さなプレゼント：小礼物]

⑱ まっすぐ北へ進み、そのあと左に曲がります。[そのあと：然后]

⑲ 私にさ湯を１杯ついでください。[さ湯：白开水　つぐ：倒]

⑳ これは米で作った麺です。[米：大米]

第13課　離合詞／動詞の重ね型

エクスプレス復習

■離合詞（「動詞＋目的語」構造の２音節動詞）

“了、着、过”、時間量補語や動作量補語は、離合詞２字の間に置く。

我们都排着队呢。　私たちはみな列に並んでいるんですよ。
黄金周放几天假？　ゴールデンウィークは何日休みになりますか。
小陈请了一个星期假。　陳さんは１週間休暇を取った。
你搬过几次家？　何度引っ越しをしたことがありますか。

離合詞は、後にさらに目的語を置くことができない。動作・行為の対象となる人について「～（人）に；～（人）と；～（人）を」と言う場合、目的語とするのではなく、次の方法で表す。

介詞を用いて連用修飾語とする

学生们向老师鞠躬。　学生たちは先生におじぎをする。
我以前跟他见过面。　私は以前彼に会ったことがある。
表姐想跟外国人结婚。　いとこは外国人と結婚したいと思っている。

離合詞内の目的語に対する連体修飾語とする

我生他的气呢。　私は彼に腹を立てているんですよ。
他不肯帮我的忙。　彼は私を手伝おうとしない。

■動詞は重ね型になり、「ちょっと～する；～してみる」という意味を表す。

単音節動詞（A）→ AA　A一A　“A一下”ともする。

你等等我。　ちょっと待って。
我想听一听你的意见。　あなたの意見を聞いてみたいです。

２音節動詞（AB）→ ABAB　“AB一下”ともする。

你应该好好儿考虑考虑自己的前途。　あなたは自分の将来をよく考えてみなければなりません。
你快准备准备。　早く準備してね。

離合詞（AB）→ AAB　離合詞内の動詞（A）だけを重ねる。

我领奶奶去散散步。　おばあちゃんをちょっと散歩に連れて行きます。
你去跳跳舞，活动活动身体吧。　ちょっとダンスをしに行って、少し体を動かしたら。

■「ちょっと～した」の表し方

A → A了A　A了一下

AB → AB了一下（重ね型はない）

AB（離合詞）→ A了AB

老师看了看手表。／老师看了一下手表。　先生はちらっと時計を見た。
我刚才整理了一下行李。　さっきちょっと荷物を整理した。
我们握了握手。　私たちは軽く握手をした。

トレーニング

中国語に訳しなさい。

① 彼は今までたばこを吸ったことがない。

② 部屋をちょっと片づけましょう。

③ 彼女たちは３時間ダンスをした。

④ 彼女は１度結婚したことがある。

⑤ 中国のことをあまり知らないので、行って見てみたい。[知る：了解]

⑥ 彼は私の肩をちょっとたたいた。[肩：肩膀　たたく：拍]

⑦ 彼女とちょっと連絡を取りたいと思う。

⑧ 疲れたので、少しの間眠りたい。

⑨ 私たちは１週間に５日出勤する。

⑩ 私にうそをつかないように。[うそをつく：撒谎]

⑪ 誰が誰と口げんかしたのですか。

⑫ 今日は２度風呂に入った。

⑬ あなたとちょっとおしゃべりをしたいです。

⑭ あなたを手伝うことはできます。

⑮ ここで私をちょっと待ちなさい。

⑯ 食事をする前にちょっとテーブルを拭かなくてはならない。[食事をする前：吃饭前]

⑰ 先月子どもが３日間熱を出した。[熱を出す：发烧]

⑱ 彼はまた私に腹を立てた。

⑲ 彼女はちょっとうなずいて、「分かりました。」と言った。[うなずく：点头]

⑳ 昨日友人と一緒にちょっと天壇《てんだん》を見学しに行った。[天壇：天坛]

第14課　結果補語

エクスプレス復習

■結果補語は、動作・行為の結果どのような変化が生じるのかを補足説明する。

動詞＋結果補語（動詞／形容詞）

結果補語になる動詞　完　～し終える：做完　看完　　见（～して）感じ取る：看见　听见

住（～して）停止・固定する：站住　抓住　　懂（～して）理解する：看懂　听懂

到（～して）目的を達成する：买到　找到　　掉（～して）排除する：扔掉　忘掉

走（～して）その場を離れる：飞走　偷走

你们要记住这些单词。　これらの単語を覚えなければなりません。

他说的话我都听懂了。　彼の言うことは全部分かった。

邻居昨天搬走了。　お隣さんは昨日引っ越した。

結果補語になる形容詞　好　きちんと～し終える：写好　商量好

错　～し間違える：说错　算错　　清楚　はっきり～する：说清楚　写清楚

干净　きれいに～する：洗干净　打扫干净　　累　～して疲れる：走累　站累

坏　～してだめになる：弄坏　惯坏　　光　すっかり～し尽くす：卖光　忘光

我已经准备好了。　私はもうきちんと準備し終えている。

今天你走累了吧？　今日は歩き疲れたでしょう？

妈妈做的蛋糕都吃光了。　母が作ったケーキは全部食べてしまった。

否定文　**“没”＋動詞＋結果補語**

衣服还没洗干净，再洗一次吧。　服はまだきれいに洗っていないから、もう一度洗いましょう。

这次你没算错，都算对了。　今回あなたの計算は間違っておらず、全部合っています。

目的語や“了”をつける場合

［動詞＋結果補語］＋目的語＋“了”

［動詞＋結果補語］＋“了”＋連体修飾語＋目的語

你吃坏肚子了吧？　おなかを壊したんでしょう？

我终于看完了这篇小说。　私はやっとこの小説を読み終えた。

■必ず目的語をとる“在、到、给”

［動詞＋結果補語“在”］＋目的語（場所）　「～（場所）に…する」

自行车可以放在这儿吗？　自転車はここに置いてもいいですか。

［動詞＋結果補語“到”］＋目的語（時間／場所）　「～（時間／場所）まで…する」

那些学生每天都学到半夜。　あの学生たちは毎日夜中まで勉強している。

他上个月从东京搬到京都了。　彼は先月東京から京都に引っ越した。

［動詞＋結果補語“给”］＋目的語（物の受け手）　「～（人）に…する」

资料都寄给他了。　資料はすべて彼に送った。

トレーニング

中国語に訳しなさい。すべて結果補語を用いること。

① 母はまだ夕飯を作り終えていない。

② つばめはもう飛んで行ってしまった。[つばめ：燕子]

③ 今日はまだ彼女を見かけていない。

④ 彼女の携帯電話は落ちて壊れてしまった。[落ちる：摔]

⑤ すみません、電話をかけ間違えました。

⑥ 今回の機会をつかまなくてはならない。

⑦ 使わない物は全部捨てて。

⑧ 出張の件はすべてきちんと手配し終えましたか。[手配する：安排]

⑨ 入学通知書を受け取りましたか。[入学通知書：入学通知书　受ける：接]

⑩ さっき中国語放送を聞いて分かった。[放送：广播]

⑪ ガラスはきれいに拭きましたか。

⑫ 彼はついにふさわしい結婚相手を見つけた。[ついに：终于　结婚相手：对象]

⑬ 氏名と住所ははっきり書かなくてはならない。[氏名：姓名]

⑭ 京都行きの切符はすっかり売り切れてしまった。

⑮ コートはここにかけて。

⑯ 私たちはもう第 14 課まで習った。

⑰ 宿題はすぐに先生に提出しなさい。

⑱ 遊び疲れたから、家に帰りたい。

⑲ その事はまだ彼ときちんと相談し終えていない。

⑳ 要点はすべてノートに書き写した。[要点：重点　书き写す：抄]

第15課　方向補語

エクスプレス復習

■方向補語は、移動や方向を補足説明する。

動詞＋単純方向補語（“来／去／上／下／进／出／回／过／起”）

動詞＋複合方向補語（“上／下／进／出／回／过／起”＋“来／去”）

物や人の移動 ＼ 話者から見た方向	上 上る	下 下る	进 入る	出 出る	回 戻る	过 過ぎる	起 起きる
来 来る；近づく	上来	下来	进来	出来	回来	过来	起来
去 行く；遠ざかる	上去	下去	进去	出去	回去	过去	╳

小说你拿去吧。我看完了。　小説は持っていって。私は読み終わったので。
那本书下个星期还回去。　その本は来週返して。
快跑过去帮帮那位老人。　早く走っていって、あのお年寄りをちょっと手伝って。
我不进去了。我先走了。　私は入らないことにします。先に行きます。
信还没寄出去呢。　手紙はまだ出していませんよ。

■目的語がある場合

動詞＋目的語＋“来／去”

同学们都进教室里去了。　クラスメートたちはみな教室に入っていった。
上楼去看看奶奶吧。　2階に上がって、おばあちゃんの様子を見てみましょう。
你去邻居家借几把板凳来。　隣の家に行って腰掛けを何脚か借りてきて。

動詞＋“上／下／进／出／回／过／起”＋目的語

她放下筷子说：“我吃好了。”　彼女は箸を置いて「ごちそうさまでした。」と言った。
他拿起杯子，喝了一口水。　彼はコップを手に取って、水を一口飲んだ。

動詞＋“上／下／进／出／回／过／起”＋目的語＋“来／去”

那个孩子跑进电影院里去了。　あの子は映画館に駆け込んでいった。
我想买一些土特产带回家去。　いくらかお土産を買って家に持って帰ろうと思う。

■派生的な意味（動作の結果や状態）を表すことがある。

起来　「～し始める」「～してみると；～したところ」「（見えないように）しまう」

你看，下起雪来了！　ほら、雪が降ってきた！
说起来容易，做起来难。　言うは易く、行うは難し。
这些东西收起来吧。　これらの物をしまって。

下去　「～し続ける」

坚持下去！　続けて頑張って！

トレーニング

中国語に訳しなさい。すべて方向補語を用いること。

① ここから下に降りていき、地下道を行きます。[地下道：地下道]

② 座ってしばらく休憩しなさい。

③ 早く入ってきなさい、家の中は暖かいから。[家の中：屋里]

④ 発言するときは、立ってください。[発言する：发言]

⑤ エレベーターが壊れたから、階段を歩いて上がってきたんです。[エレベーター：电梯]

⑥ ハンカチが落ちた、早く拾いなさい。[ハンカチ：手绢　拾う：捡]

⑦ 先生が教室に入ってこられたから、早くきちんと座りなさい。

⑧（父方の）祖母は病院から歩いて出てきた。

⑨ 我々は生き続けなければならない。

⑩ スミスさんはいません。彼はイギリスに帰って行きました。[スミス：史密斯]

⑪ この服は着てみるとあまり心地よくない。

⑫ 下の階に降りていってお湯をちょっと持ってきて。[お湯：热水]

⑬ 彼らはまた口げんかをし始めた。

⑭ その男の子は木によじ登っていった。

⑮ あの本はまだ貸し出されていない。

⑯ 早く隠れろ。[隠れる：藏]

⑰ 彼女は走って近づいてきて、私に「どうしましたか。」と尋ねた。

⑱ 太陽が山に沈んでいった。[沈む：落]

⑲ 夜が明け、太陽の光が窓から射し込んできた。[夜が明ける：天亮　射す：射]

⑳ 水が深くないので、私は泳いで渡れる。

第16課　可能補語

エクスプレス復習

■可能補語は、可能または不可能の意味を補足説明するが、疑問文以外では主に不可能を表すのに用いる。

動詞＋可能補語（“得／不”＋結果補語／方向補語）　「～できる／できない」

声音太小，听不见。	声が小さすぎて、聞こえない。
票已经卖完了，买不到。	切符はもう売り切れで、買えない。
今天要学的内容很多，一节课讲不完。	今日は学ぶ内容が多いので、1回の授業で話し終えられない。
我怎么学不会骑自行车呢?	どうして自転車に乗れるようになれないの？
从这儿看不到富士山，我们上楼去吧。	ここからは富士山が見えないから、2階に上がろう。
公交车里人太多，挤不上去。	バスの中は人が多すぎて、乗り込めない。
东西都搬得进去吗?	荷物は全部運び込めますか。
对不起，明天我抽不出时间来。	すみません、明日は時間が取れません。
她右手受伤了，拿不起东西来。	彼女は右手をけがして、物を持ち上げられない。

■その他の可能補語を用いる表現

動詞＋“得了／不了”　「（量的に）～しきれる／しきれない；
（客観的条件から）～できる／できない」

菜太多了，我吃不了。	料理が多すぎて、食べきれない。
明天你来得了来不了?	明日は来られますか。

動詞＋“得起／不起”　「（金銭的な負担能力の有無から）～できる／できない」

我买不起那么贵的包。	そんなに高いかばんは買えない。

■よく用いる「動詞＋可能補語」の組み合わせ

受得了　耐えられる ↔ 受不了　耐えられない　　来得及　間に合う ↔ 来不及　間に合わない
跟得上　追いつける ↔ 跟不上　追いつけない　　关得上　閉まる ↔ 关不上　閉まらない
吃得下　喉を通る ↔ 吃不下　喉を通らない　　看得起　尊敬する ↔ 看不起　見下す
坐得下　（空間があり）座れる ↔ 坐不下　（空間がなく）座れない

■可能補語の否定形と“不能”の使い分け

可能補語の否定形は、条件による制限があるために「～できない」という場合に、“不能”は、許可されないためできないことを表す場合に用い、「～してはいけない」という意味を表す。

我忘带钥匙了，进不去。	鍵を持ってくるのを忘れたので入れない。
他们在里边开会呢，不能进去。	彼らが中で会議をしているので入れません（＝入ってはいけません）。
这个箱子太重，我一个人搬不动。	この箱はとても重く、私一人では動かせない。
这是学校的东西，我们不能随便搬动。	これは学校のものだから、勝手に動かせない（＝動かしてはいけない）。

トレーニング

中国語に訳しなさい。

① 服は汚れすぎていて、きれいに洗えない。

② この小説は長いから、1日で読み終えることはできない。

③ この料理は辛すぎて、食べられない。

④ こんなに大きなたんすは運び入れることができない。[たんす：衣柜]

⑤ 買いたい人がこんなに多いから、おそらく手に入らない。[おそらく：恐怕]

⑥ この車は6人乗れますか。

⑦ この薬は苦すぎて、飲み込めない。[飲み込む：咽下去]

⑧ 時間がなくなってしまったが、私たちは間に合うだろうか。

⑨ この洗濯機は非常に重いんですが、あなたたちは動かすことができますか。

⑩ こんなに高い塔は歩いて上がれないから、エレベーターに乗りましょう。[塔：塔]

⑪ かには高すぎて、食べられない。[かに：螃蟹 pángxiè]

⑫ 終電はもう行ってしまったから、私たちは帰れなくなった。

[終電：末班车　行ってしまう：开走]

⑬ 彼女はのどがひどく痛むので、話をすることができない。

⑭ 橋が壊れてしまったから、車が渡って行けなくなった。

⑮ 私は足が痛くて立ち上がれない。

⑯ 私は朝いつも起きられない。[いつも：总是]

⑰ 戸棚の扉が閉まらなくなった。

⑱ 私はこのようないじめに耐えられない。[いじめ：欺负]

⑲ 今日は天気が良くないので、日の出が見えない。

⑳ 仕事がまだ終わっていないから、退勤することができない。

第17課　状態補語／程度を強調する補語

エクスプレス復習

■状態補語は、状態を補足説明する。

動詞＋"得"＋状態補語（程度を表す副詞＋形容詞）　「～するのが…だ」

形容詞述語文と同じく、形容詞の前に程度を表す副詞を入れる。

小宝宝睡得很香。　赤ちゃんはぐっすり眠っている。

你的这篇文章写得真好。　あなたのこの文章は本当によく書けています。

比較や対照を表す場合　動詞＋"得"＋状態補語（形容詞）

她吃得快，我吃得慢。　彼女は食べるのが速く、私は食べるのが遅い。

否定文　動詞＋"得"＋状態補語（"不"＋形容詞）

你来得不晚，我们也刚来。　あなたは遅れていません。私たちも来たばかりです。

这张照片照得不太好。　この写真はあまりよく撮れていない。

反復疑問文　動詞＋"得"＋状態補語（形容詞の肯定形＋否定形）？

昨晚你休息得好不好？　昨夜よく休みましたか。

疑問詞疑問文　動詞＋"得"＋状態補語（"怎么样"）？　「～するのがどうであるか」

今天我打扮得怎么样？　今日私の格好はどう？

目的語がある場合　（動詞＋）目的語＋同じ動詞＋"得"＋状態補語

「動詞＋目的語」を前に置くが、前の動詞は話し言葉では省略できる。

留学生包饺子包得特别快。　留学生はギョーザを作るのがとりわけ速い。

他课文念得不太正确。　彼の教科書本文の読み方はあまり正しくありません。

■程度を強調する補語

形容詞／動詞＋"极了／死了／得很／得不得了"　「とても；ひどく；～でたまらない」

极了

足球赛精彩极了！　サッカーの試合はとてもすばらしかった！

这个药难吃极了。　この薬はひどく飲みにくい。

死了　限界を超えていたり、我慢できない程度であることを強調する場合に用いる。

今年夏天热死了！　今年の夏は暑くてたまらない！

我还没吃午饭呢，饿死了！　まだ昼ご飯を食べていないんですよ。おなかぺこぺこです！

得很

哈尔滨的冬天冷得很。　ハルピンの冬はとても寒い。

得不得了

那个孩子聪明得不得了。　あの子はものすごく賢い。

孩子发烧，父母急得不得了。　子供が熱を出しているので、両親はとても慌てている。

トレーニング

中国語に訳しなさい。①－⑭は状態補語を用いること。

① 私たちは今日楽しく遊んだ。[楽しい：开心]

② 私は寝るのが早く、姉は寝るのが遅い。

③ お恥ずかしいのですが、私は歌うのが下手なんです。[恥ずかしい：不好意思]

④ 彼が来たのは時間どおりでしたか。[時間どおりである：准时]

⑤ 私はバレーボールがあまりうまくない。[バレーボール：排球]

⑥ 彼女は料理を非常においしく作る。

⑦ このセーターは本当に上手に編んであります。あなたが編んだのですか。

⑧ 弟は宿題をあまり真面目にやらない。

⑨ 彼女は物語を生き生きと話した。[生き生きとしている：生动]

⑩ 彼女の車の運転はどうですか。

⑪ 彼女はダンスをするのがこんなに上手だなんて思いもよらなかった。

[思いもよらなかった：没想到]

⑫ 昨晩私は寝るのが遅かったので、今日はひどく眠い。**（“死了” を用いること）**

⑬ 彼は教科書本文をとても上手に訳す。**（“极了” を用いること）**

⑭ ここ数日寒くてたまらない。**（“得不得了” を用いること）**

⑮ 彼女はとてもきれいだ。**（“极了” を用いること）** [（見た目について表現し）成長する：长]

⑯ この料理は塩辛すぎて、ひどくのどが渇いた。**（“得不得了” を用いること）**

[のどが渇いている：渴]

⑰ 財布がなくなってしまい、彼女はひどく慌てている。**（“得不得了” を用いること）**

⑱ あなたの給料はそんなに高いなんて、私は羨ましくてたまらない。**（“死了” を用いること）**

[羨ましい：羡慕]

⑲ 彼の部屋はひどく汚いから、入れない。**（“得很” を用いること）**

⑳ 彼女と別れたあと、ひどく後悔した。**（“极了” を用いること）** [別れる：分手]

第18課 “不”と“没”／“也”と“都”

エクスプレス復習

■“不”と“没”

不 意志、習慣的な動作、性質・状態を否定する副詞

“不”＋動作を表す動詞 「～しない」

警察叔叔不说谎。	お巡りさんはうそをつかない。
下个星期不考试。	来週は試験をしない。

“不”＋動作を表さない動詞／習慣的な動作を表す動詞／助動詞／形容詞

「～ない；～なかった」

那会儿他还不是总经理。	あの時彼はまだ社長ではなかった。
我以前不喜欢吃这个东西。	以前はこれを食べるのが好きではなかった。
我年轻时不经常熬夜。	若いころ、しょっちゅうは徹夜しなかった。
她不想去欧洲留学。	彼女はヨーロッパに留学したくないと思っている。
去年的考题不太难。	去年の試験問題はあまり難しくなかった。

没 動作・行為の実現・完成、性質・状態の変化を否定する副詞

“没”＋動作を表す動詞 「～していない；～しなかった」

警察叔叔没说谎。	お巡りさんはうそをついていない。
上个星期没考试。	先週は試験をしなかった。

“没”＋形容詞 「～になっていない」

天还没黑呢。	空はまだ暗くなっていませんよ。

■“也”と“都”

也 「～も」

你也爬过长城吗？	あなたも万里の長城に登ったことがありますか。
我不看电视，也不看电影。	テレビを見ないし、映画も見ない。

都 「すべて～」

这些都是他的，那些也都是他的。	これらはすべて彼のもので、あれらもすべて彼のものだ。

都不 「すべて～ない」 全体否定

不都 「すべてが～というわけではない」 部分否定

你们都不记得我了吧？	あなたたちはみな私のことを覚えていないでしょう？
他们不都是医生，也有护士。	彼らは全員が医者というわけではなく、看護師もいる。

疑問代詞＋“也／都”（＋“不／没”） 例外がないことを表す “也”は否定にだけ用いる。

她今天什么也没吃。	彼女は今日何も食べなかった。
这件事谁都知道。	このことは誰でも知っている。
× 这件事谁也知道。	

“一点儿”＋“也／都”＋“不／没” 「少しも～ない；全然～ない」

一点儿也不疼。	少しも痛くない。

トレーニング

中国語に訳しなさい。

① 私たちはみな土地の者ではないので、ほかの人に聞いてみて。[土地の者：当地人]

② 彼はしょっちゅう朝食を食べない。

③ 昼ご飯を食べていないので、おなかが空いて死にそうだ。

④ 陳さんは以前はたばこを吸わなかった。

⑤ 来年は酉年《とりどし》で、私の干《え》支《と》の年でもある。[酉年：鸡年　干支の年：本命年]

⑥ 10 年前、ここの交通はとても不便だった。

⑦ あちらにもお手洗いはない。

⑧ あなたはその機会を放棄するべきではありませんでした。[放棄する：放弃]

⑨ 当時私たち全員が大学生だったわけではない。

⑩ 日曜日私はどこにも行かない。

⑪ 販売部の宋さんは、誰もが知っている。[販売部：销售部门]

⑫ 今日は疲れていて、何もしたくない。

⑬ この図書館はどんな本でもある。

⑭ 髪の毛は乱れていないから、とかす必要はない。[乱れている：乱　とかす：梳]

⑮ 今は秋ではないので、柿はまだ出回っていない。[出回る：上市]

⑯ いつでも我が家に遊びに来てかまいません。

⑰ もう見慣れてしまったので、少しもおかしいとは思わない。

[見慣れる：看惯　おかしい：奇怪]

⑱ 新しい掃除機を買おうと思っているが、どのブランドのでもかまわない。

[掃除機：吸尘器　ブランド：品牌]

⑲ 今日はどうしても時間を取れません。

⑳ ここは少しも変わっておらず、以前と同じだ。

第19課 “还”と“再”と“又”／“就”と“才”

エクスプレス復習

■“还”と“再”と“又”

还 「まだ；やはり」 持続・未変化　「さらに；その上」 追加

八点了，他们还在工作呢。　8時になったのに、彼らはまだ仕事をしていますよ。

请稍等，我们还没开门呢。　少々お待ちください、まだ開店していませんので。

这个电影我还想看一遍。　この映画はもう一度見たい。

再 「また（～する)」 繰り返し　「引き続き」 継続　「それから」 順序

马教授今天不来学校，你明天再来吧。　馬教授は今日学校にいらっしゃらないので、明日また来て。

这个电影我想再看一遍。　この映画はもう一度見たい。

我们还有时间，再等一会儿吧。　まだ時間があるから、もうしばらく待ちましょう。

先看完资料再提问题吧。　まず資料を見終わってから質問して。

又 「また（～した)」 繰り返し　「～でもある」 重複

这本小说我又看了一遍。　この小説はまた一遍読んだ。

他是一个聪明人，又很努力。　彼は聡明な人であり、努力家でもある。

“又～又…”で「～でもあり…でもある」。

这个孩子又聪明又活泼。　この子は賢くて活発だ。

听了那句话，我又生气又想哭。　その言葉を聞いて、腹が立ちもしたし泣きたくもなった。

■“就”と“才”

時間を表す言葉＋“就” 「(～で) もう；(～には) すでに」 動作・行為が発生する時間が早い、かかる時間が短いと話し手が感じていることを表す。

妹妹五岁就开始学弹钢琴了。　妹は5歳でもうピアノを習い始めた。

这个工作他做了三天就做完了。　この仕事は彼は3日でやり終えた。

時間を表す言葉＋“才” 「(～になって) ようやく；(～で) やっと」 動作・行為が発生する時間が遅い、かかる時間が長いと話し手が感じていることを表す。文末に“了”を用いない。

姐姐十二岁才开始学骑自行车。　姉は12歳になってようやく自転車に乗ることを習い始めた。

这个工作我做了两个星期才做完。　この仕事は2週間やってようやくやり終えた。

■“就”のその他の用法

条件を表す文＋“就”＋… 「～ならば…」 結論

你喜欢，我就送给你。　お好きなら、プレゼントします。

“就”＋強調する内容 「まさに～；ほかでもなく～」 肯定の強調

这里就是九寨沟。　ここが九寨溝《きゅうさいこう》だ。

“一～就…” 「～するとすぐ…」

我一看就知道他们是新生。　一目で彼らは新入生であると分かる。

トレーニング

中国語に訳しなさい。

① すいかは今まだ高い。

② 明日また馬先生を訪ねに行く。

③ 彼は聞くとすぐに理解した。

④ このいちごは大きくて甘い。[いちご：草莓]

⑤ 昨晩は夜９時にようやく退勤した。

⑥ あそこが私たちの新居だ。[新居：新家]

⑦ あの人はさっき来たが、今また来た。

⑧ まだ何か必要ですか。

⑨ ちょっと待ってくれ、まだ靴を履いていないんだよ。

⑩ 姉は今日ブラウスを買い、さらにバッグも買った。

⑪ もう夜の 10 時だというのに、彼らはまだ残業している。

⑫ まず宿題をやり終えてからゲームをしなさい。

⑬ まだ時間があるから、もうちょっと探しましょう。

⑭ お湯が沸いたら白菜を入れなさい。[お湯が沸く：水开]

⑮ またイタリアへ旅行に行きたい。

⑯ おととい 1 つ買い、昨日また 2 つ買ったが、今日もう 1 つ買いたい。

⑰ 暇があるなら、ちょっと運動しに出かけなさい。

⑱ 1 時限目の授業は 9 時に始まるが、彼は 8 時にもう学校に来ていた。

⑲ あなたがここにいるなら安心しました。

⑳ 先生が教室に入られると、学生たちはすぐに立ち上がった。

第20課　比較文／“有点儿”と“一点儿”

エクスプレス復習

■ **A＋“比”＋B＋述語（形容詞など）（＋差の量）**　「AはBより（どれだけ）～だ」

弟弟比哥哥活泼。	弟は兄より活発だ。
妹妹比姐姐喜欢跳舞。	妹は姉よりダンスが好きだ。
爷爷比奶奶身体好。	祖父は祖母より元気だ。
我比他跑得快。／我跑得比他快。	私は彼より走るのが速い。／私は走るのが彼より速い。

差の量を表す言葉は、述語の後に置く。

我的表比他的慢五分钟。	私の時計は彼のより5分遅い。
我们学校的留学生比他们学校多两倍。	私たちの学校の留学生は彼らの学校の3倍の人数だ。
便利店比邮局远一点儿。	コンビニは郵便局より少し遠い。
外头比屋里热得多。	外は屋内よりずっと暑い。

■差を表す副詞“还”と“更”

“还”　「もっと」　差を強調し、念を押す話し手の気持ちを含む。

“更”　「さらに」　差があることを客観的に述べる。

今天的气温比昨天还高。	今日の気温は昨日よりももっと高い。
这本小说比那本更有意思。	この小説はあの小説よりさらにおもしろい。

■否定文　**A＋“没有”＋B（＋“那么／这么”）＋述語（形容詞など）**　「AはBほど～ない」

我们的教室没有你们的干净。	私たちの教室はあなたたちのほど清潔ではありません。
我没有她那么勤奋。	私は彼女ほど勤勉ではない。

■ **A＋“跟”＋B＋“一样”（＋述語）**　「AはBと同じ（くらい～）だ」

你的手机跟我的一样。	あなたの携帯電話は私のと同じです。
这座山跟那座山一样高。	この山はあの山と同じくらい高い。

■“有点儿”と“一点儿”

“有点儿”は程度を表す副詞で、“一点儿”は「数詞“一”＋量詞“点儿”」。

“有点儿”＋形容詞　「（どうも）少し～」　望ましくないことを述べる。

形容詞＋“一点儿”　「（程度が）少し～」　何かと比較した差を表す。

这个汤有点儿淡。	このスープは少し薄い。
有没有大一点儿的盒子？	もう少し大きい箱はありますか。
这件大衣有点儿大，我要买小一点儿的。	このコートは少し大きいので、少し小さいのを買いたい。

“一点儿”＋名詞　「（数量が）少し（の～）」

服务员，来一点儿醋。	従業員さん、お酢を少し下さい。
我有点儿饿了，给我拿一点儿吃的来。	何だかおなかが空いたので、少し食べ物を持ってきて。

トレーニング

中国語に訳しなさい。

① 今年のぶどうは去年のより甘い。[ぶどう：葡萄]

② 私が行くほうが、あなたが来るより都合が良いです。[都合が良い：方便]

③ 彼女は私より経験がある。

④ 妹は姉より少し痩せている。

⑤ 長江は黄河より何キロ長いですか。[〜キロ（メートル）：公里]

⑥ ここは商業地域だから、住宅地よりずっとにぎやかだ。

[商業地域：商业区　住宅地：住宅区]

⑦ 田中さんが借りた小説は私が借りたのよりさらにおもしろい。

⑧ 熟していないものは熟しているものほど甘くない。[熟していない：生　熟している：熟]

⑨ 北京語は標準語と同じですか。

⑩ あなたが来たのは私より 30 分早いです。

⑪ 弟は兄よりもっといたずらだ。[いたずらだ：淘气]

⑫ 今日は昨日と同じくらい涼しい。

⑬ 今は以前ほど楽しくない。

⑭ 彼女は私よりさらに中国へ留学に行きたいと思っている。

⑮ 値段は３年前より 20 パーセント上がった。[～パーセント：百分之　上がる：涨]

⑯ このチョコレートはあのチョコレートの２倍の値段だ。

⑰ 頭が少し痛いのですが、痛み止めはありますか。[痛み止め：止痛药]

⑱ この服はちょっと短いです。少し長いのはありますか。

⑲ このコーヒーはちょっと苦いから、少し砂糖とミルクを入れてあげましょう。

[砂糖：糖　入れる；加える：加]

⑳ 彼は来るのが私ほど早くない。

第21課 使役文

エクスプレス復習

■ **主語＋“让／叫”＋人＋動詞／形容詞**

「～に…させる；～に…するよう言う；～に…してもらう」

老师让我们练习发音。	先生は私たちに発音を練習させる。
让我仔细想一想。	よく考えてみさせて。
妈妈叫你赶快回家。	母はあなたに早く家に帰るよう言っています。
叫几个学生过来帮忙。	何人か学生に手伝いに来てもらって。

「～に…させた；～に…するよう言った」

妈妈让你出去玩儿了吗?	お母さんはあなたを遊びに行かせましたか。
今天你们学什么了?	今日は何を勉強しましたか。
——今天老师让我们背课文了。	——今日先生は私たちに教科書本文を暗記させました。
妈妈叫我去买东西。	母は私に買い物に行くよう言った。

否定文　**“不／没”＋“让”＋人＋動詞（＋目的語）**

「～に…させない；～に…させはしなかった」

“不／没”＋“叫”＋人＋動詞（＋目的語）

「～に…しないよう言う（／言った）；～に…するようにとは言わなかった」

你妈妈让不让你玩儿手机?	あなたのお母さんはあなたに携帯電話をいじらせますか。
——她不让我玩儿手机。	——母は私に携帯電話をいじらせません。
弟弟叫你给他打电话了吗?	弟はあなたに電話をかけるよう言いましたか。
——弟弟没叫我给他打电话。	——弟は私に電話をかけるようにとは言いませんでした。

■使役に関連するその他の動詞

使　「～を（感情の変化を生じて）…させる」

那句话使他很感动。	その言葉は彼をとても感動させた。
来日本没见到您，使我很失望。	日本に来てあなたにお会いできず、とてもがっかりしました。

请　「～するようお願いする；～していただく」

我们请王教授回答我们的提问。	王教授に私たちの質問に答えてくださるようお願いします。
咱们请老板唱一首歌，好不好?	社長に一曲歌っていただきましょう。よろしいですか。

求　「(～するよう) 頼む；(～するよう) お願いする」

我去求人帮帮忙。	人に手伝いを頼みに行きます。

劝　「(～するよう) 勧める」

医生劝我戒酒。	医者は私に禁酒を勧める。

派　「(～するよう) 派遣する」

班主任派我们参加留学生交流会。	担任は留学生交流会に参加するよう私たちを派遣した。

催　「(～するよう) 催促する；(～するよう) せかす」

房东催他赶紧交房租。	大家は彼に早く家賃を支払うよう催促した。

トレーニング

中国語に訳しなさい。すべて使役文を用いること。

① 両親は私に留学に行くよう言う。

② 患者をしばらく休ませなさい。

③ この知らせは彼女をとても喜ばせた。（“使” を用いること）

④ お母さんは私にむだづかいをさせない。（“让” を用いること）［むだづかいをする：乱花钱］

⑤ ちょっと散歩をしに出かけるよう彼女に勧めて。

⑥ ちょっとアイディアを出していただきたいと思っております。（“请” を用いること）

［アイディアを出す：出主意］

⑦ 図書館は私に本を返却するよう催促している。

⑧ 会社はあなたをフランスへ出張に行かせることを決定した。（“派” を用いること）

⑨ ちょっと見せて。この写真はなかなかよく撮れていますね。

⑩ 誰があなたを来させたのですか。

⑪ この薬は子どもに飲ませてはいけません。

⑫ この事を私は彼に知ってもらいたい。

⑬ 高橋さんは私に黒板を消すのを手伝ってくれと言った。[黒板を消す：擦黑板]

⑭ 従業員にちょっと部屋を掃除しに来てもらいましょう。

⑮ この店のサービスは顧客をとても満足させている。(“使” を用いること)

[顧客：顾客　満足する：满意]

⑯ 張さんに電話をするよう彼女に頼みたいと思っている。(“求” を用いること)

⑰ 彼はこの事をあなたに伝えるよう私に言いました。

⑱ 田中さんは私にここで彼女を待つようにとは言わなかった。

⑲ 李さんに謝るよう彼女に言いなさい。

⑳ 親は子どもに好きな職業を自分で選ばせるべきだ。[選ぶ：选择]

第22課　“把”を用いる文／受け身文

エクスプレス復習

■“把”を用いる文は、動作・行為が人や事物にどのような処置を加え、どのような変化や結果を生じさせるかを表す。

主語＋“把”＋動作・行為を受ける人や事物＋動詞＋付加成分　「〜を…する」

猫把鱼吃了。	猫が魚を食べた。
你把密码记住了吗？	パスワードを覚えましたか。
清洁工把玻璃擦得特别干净。	清掃員はガラスをとりわけきれいに拭いた。
我们把开会的时间推迟一个半小时吧。	会議の時間を1時間半遅らせましょう。
我把文件放在这儿了，怎么不见了？	書類をここに置いたのに、どうして見当たらないんだろう。
你把被子拿出去晒一晒吧。	布団を外に出してちょっと干して。

副詞や助動詞は“把”の前に置く。ただし副詞“都”は、その意味がかかる「動作・行為を受ける人や事物」の後に置く。

我还没把这个消息告诉父母。	まだこの知らせを両親に話していない。
你再把这首歌唱一遍。	もう一度この歌を歌って。
你每次用完剪刀要把它放回去。	はさみを使い終わるたび元に戻して。
他把这个月挣的钱都花光了。	彼は今月稼いだお金を全部使ってしまった。

■受け身文

主語＋“被／叫／让”（＋動作・行為をする人や事物）＋動詞＋付加成分

「〜は…に‥される」

鱼被猫吃了。	魚は猫に食べられた。
信叫她撕了一半儿。	手紙は半分が彼女に破られた。
电话让妈妈听见了。	電話は母に聞かれてしまった。

副詞は“被／叫／让”の前に置く。

我从来没被老师表扬过。	私は今まで先生に褒められたことがない。
她的姓常常叫人念错。	彼女の名字はよく人に読み間違えられる。
我们的秘密已经让她知道了。	私たちの秘密はすでに彼女に知られてしまった。

“被”を用いる文では、動作・行為をする人や事物について言う必要がない場合、省略できる。

花瓶被打碎了。	花瓶は割られてしまった。

× 花瓶叫打碎了。　× 花瓶让打碎了。

■意味上の受け身文

“被／叫／让”を用いなくても、「主語＋述語」の形で意味の上から受け身を表す。

包裹已经寄走了。	小包はもう郵送された。
钱都存在银行里了。	お金は全部銀行に預けられた。

トレーニング

中国語に訳しなさい。すべて “把” か受け身文を用いること。

① 彼はその手紙を破ってしまった。

② 彼女たちはもう商品を売り終えた。[商品：货]

③ 私は先生に呼び戻された。

④ 私は新出語句を何遍も書いた。

⑤ これらの物（の重さ）をちょっと量ってみて。[（重さを）量る：称]

⑥ 服は全部きちんと畳まれた。（意味上の受け身文を用いること）

⑦ ここに車を止めないように。

⑧ 私は昨日その本をクラスメートに返した。

⑨ その郵便配達員はまた手紙を配達し間違えた。[郵便配達員：邮递员　配達する：送]

⑩ メアリーは自分の自転車をアンナにあげた。[メアリー：玛丽　アンナ：安娜]

⑪ 弟はまた先生に叱られた。[叱る：批评]

⑫ テーブルはきれいに拭かれた。(意味上の受け身文を用いること)

⑬ 部屋の中は少し暑いです。窓を開けておきましょう。

⑭ あのお年寄りは人にだまされて、本当に気の毒だ。[気の毒だ：可怜]

⑮ 果樹は台風で吹き倒された。[果樹：果树　吹き倒す：刮倒]

⑯ 要らない物を全部ごみ箱に捨てなさい。[ごみ箱：垃圾桶]

⑰ 私が借りたかったその本は人に借りて行かれてしまった。

⑱ 午前中はこの文章を翻訳し終えなければならない。

⑲ 私の名前はこれまで読み間違えられたことがない。

⑳ あなたのパソコンを私に貸してくれませんか。[～してくれませんか：可以～吗？]

第23課　語気助詞“吧、呢、啊”

エクスプレス復習

吧

「～でしょう」　推測

他已经回来了吧。　彼はもう帰ってきているでしょう。

你也去吧?　あなたも行くでしょう？

「～して；～したら（どう）？；～しましょう」　命令・提案・勧誘

时间不早了，你快回家吧。　もう遅いから、早く家に帰って。

你也去看看吧。　あなたも行って見てみたらどう？

我们快走吧。　早く行きましょう。

呢

「～は？」　省略疑問文

我们去，你呢?　私たちは行きますが、あなたは？

「～（な）の？」　“吗”を用いる疑問文以外の疑問文で用い、答えを求める気持ちを表す。

你为什么没告诉我呢?　どうして教えてくれなかったの？

我去好呢，还是你去好呢?　私が行ったほうがいいの？それともあなたが行ったほうがいいの？

他的想法对不对呢?　彼の考えは正しいの？

「～（している／していない）よ；～（している）の？」　持続や進行、“还没～呢”で用いる。

我同学等着我呢。　クラスメートが私を待っているんですよ。

不要大声说话，大家都在睡觉呢。　大声で話さないで、みんな寝ていますよ。

你吃什么呢?——我吃香蕉呢。　何を食べているの？——バナナを食べているんだよ。

那家店还没开门呢。　あの店はまだ開店していませんよ。

啊　直前の音により発音が変わり“呀 ya／哇 wa／哪 na”と書くことがある。

「～（だ）なあ；～（だ）こと」　感嘆文で、程度を強調する副詞とともに用いる。

她唱得真好听啊!　彼女は歌うのが本当に上手だなあ！

今天好热啊!　今日は本当に暑いなあ！

这个沙发多舒服啊!　このソファーはなんて気持ちがいいこと！

考一流大学多么难啊!　一流大学を受験するのはなんと難しいことだろう！

「～（な）の？」　疑問文で用い、語気を和らげる。

你也去啊?　あなたも行くの？

你不去上海啊?　あなたは上海に行かないの？

你网购的是哪本书啊?　あなたがネットで買ったのはどの本なの？

今年是20几几年啊?　今年は2000何年なの？

「～（だ）よ」　自分の主張を強く伝え、相手に事実を気付かせようする。

这个很好吃啊。　これ、おいしいよ。

小周是个挺不错的姑娘啊。　周さんはなかなか良いお嬢さんですよ。

トレーニング

中国語に訳しなさい。すべて語気助詞を用いること。

① 会議はもう終わったでしょう？

② このスカートはなんて安いのだろう！

③ 宿題を提出しなかったの？

④ 私はこれが使いやすいと思うよ。

⑤ 外はまだ雪が降っているよ。

⑥ この問題は本当に難しいなあ！ [問題を数える量詞：道　問題：题]

⑦ これがおいしいの？それともあれがおいしいの？

⑧ これらの物はまだ支払っていないよ。[支払う：付款]

⑨ ここの環境はなんと静寂だろう！ [環境：环境　静寂である：幽静]

⑩ どうして私を相手にしないの？ [相手にする：理]

⑪ 彼女が言ったことは全部事実だよ。

⑫ 今週末、ミュージカルを見に行くつもりだけど、あなたは？
[～するつもりである：打算　ミュージカル：音乐剧]

⑬ この漫画はどうですか。――おもしろいですよ。

⑭ 彼らはみな行くのに、あなたは行かないの？

⑮ ここにはなんで人がいないの？

⑯ シーツはまだ乾いていませんよ。もうしばらく干しましょう。[シーツ：床单]

⑰ 深夜になったのに、彼はまだ勉強していますよ。[深夜：深夜]

⑱ 学校で何を勉強しているの？

⑲ 健康が何より大事ですよ。

⑳ 外は寒いから、早く子どもを抱っこして帰って。("把" を用いること)

第24課 複　文

エクスプレス復習

複文は、２つ以上の文を組み合わせた文で、前後の文の意味関係をはっきりと示すため、接続詞や副詞を用いる。

■接続詞と接続詞の呼応

不但～，而且…　「～だけでなく、…」　累加

她不但汉语说得好，而且汉字也写得漂亮。　彼女は中国語を話すのが上手なだけでなく、漢字もきれいに書く。

因为～，所以…　「～なので、…」　原因と結果

因为她去北京留过学，所以汉语说得非常流利。　彼女は北京に留学したことがあるので、中国語をとても流ちょうに話す。

虽然～，可是／但是…　「～だけれども、…」　逆接

虽然那个地方有点儿远，但是有很多好东西。　そこは少し遠いが、いいものがたくさんある。

■接続詞と副詞の呼応

如果～（的话），就…　「もし～（なら）ば、…」　仮定と結論

如果明天不下雨，我们就去动物园。　明日雨が降らなければ、私たちは動物園に行く。

即使～，也…　「たとえ～でも、…」　仮定と譲歩

即使是朋友，我们也要AA制。　たとえ友達でも、割り勘にしなくては。

只要～，就…　「～（し）さえすれば、…」　条件と結果

只要还有希望，我就不放弃。　まだ望みがありさえすれば、諦めない。

只有～，才…　「～（して）はじめて、…；～（し）なければ、…ない」　条件と結果

只有他承认错误，我才会原谅他。　彼が過ちを認めなければ、私は彼を許さない。

不管～，都／也…　「～にかかわらず、…；～であろうと、…」　無条件

不管他去不去，我都要去。　彼が行く行かないにかかわらず、私は行きたい。

不管谁来，也没用。　誰が来ようと、むだだ。

既然～，就…　「～したからには、…；～である以上、…」　前提と結論

既然知道自己错了，就应该向大家道歉。　自分が間違ったと分かった以上、みんなに謝るべきだ。

■その他の呼応

一边儿～一边儿…　「～しながら…する」

我喜欢一边儿听音乐一边儿做作业。　音楽を聴きながら宿題をするのが好きだ。

越～越…　「～すればするほど…」

妈妈越说，孩子越不听话了。　母親が説教すればするほど、子供は言うことを聞かなくなった。

不是～，就是…　「～でなければ、…だ；～か、…のどちらかだ」

这不是小张的，就是小徐的。　これは張さんのものでなければ､徐さんのものだ。

不是～，而是…　「～ではなく、…だ」

这不是我的，而是妈妈的。　これは私のものではなく、母のものです。

トレーニング

中国語に訳しなさい。すべて前後の文に接続成分（接続詞か副詞）を用いること。

① これらの物は良いけれども、ちょっと高い。

② 今日は試験なので、皆早く来ている。

③ もしその本を読んだことがあるなら、皆にちょっと紹介してあげて。

④ 彼は中国語が話せるだけでなく、英語を話すこともできる。

⑤ たとえ明日雨が降っても、私たちは見学しに行こうと思っています。

⑥ 彼が来た以上、本当のことをありのままに話しましょう。

[本当のことをありのままに話す：实话实说]

⑦ 一生懸命勉強しさえすれば、大学に合格できます。

[一生懸命～する：努力　合格する：考上]

⑧ 道を歩きながら携帯を見てはいけません。[道を歩く：走路]

⑨ もしコピー機がなければ、資料は印刷することができない。

[コピー機：复印机　印刷する：印出来]

⑩ 先生は話せば話すほど速くなる。

⑪ 努力したけれども、成績は上がらなかった。[上がる；向上する：提高]

⑫ 私たちは電車で行くのではなく、飛行機で行くのだ。

⑬ あなたがはっきり言わないので、分かりません。

⑭ その小説はあなたが読んだことがないだけでなく、私も読んだことがありません。

⑮ 父は非常に忙しい。仕事をしていなければ、出張している。

⑯ たとえあなたが気に入らなくても、あなたにプレゼントしなくてはなりません。

[～にプレゼントする：送给]

⑰ 苦労することをいとわずしてはじめて、有用な人材になれる。[有用な人材になる：成才]

⑱ 天気が良いかどうかにかかわらず、試合は平常どおり行われる。

[平常どおり：照常　行う：进行]

⑲ 聞きながらメモを取ってかまいません。

⑳ 李さんがどんなに努力しようと、彼を評価する人はいない。

[どんなに：多（么）　評価する：认可]

■「トレーニング」「別冊トレーニング」のヒントの語句索引（数字は頁）■

井田みずほ（いだ・みずほ。中央大学非常勤講師）
小 薗 瑞 恵（おその・みずえ。東京外国語大学・明治学院大学・中央大学非常勤講師）

表紙デザイン：細谷桃恵

初中級 中国語作文トレーニング　別冊トレーニング付

2023 年 12 月 19 日　初版発行

著　者　井田みずほ・小薗瑞恵
発行者　佐藤和幸
発行所　白 帝 社
〒 171-0014　東京都豊島区池袋 2-65-1
電話　03-3986-3271
FAX　03-3986-3272（営）／ 03-3986-8892（編）
info@hakuteisha.co.jp
http://www.hakuteisha.co.jp
組版・印刷　倉敷印刷（株）　製本（株）ティーケー出版印刷

Printed in Japan〈検印省略〉6914　ISBN978-4-86398-569-8
＊定価は表紙に表示してあります